CHAMBRE DE COMMERCE

de St-Nazaire

TAXES DE TONNAGE

Loi du 28 Mars 1889 relative à l'amélioration du Port de Saint-Nazaire.

DÉCRET COMPLÉMENTAIRE & INTERPRÉTATION

(AVRIL 1890)

TAXES DE TONNAGE

Loi du 28 Mars 1889

ARTICLE PREMIER

Sont déclarés d'utilité publique les travaux à exécuter pour l'amélioration du port de Saint-Nazaire et des chenaux qui y aboutissent, lesdits travaux évalu s à trois millions de francs (3.000,000 fr), conformément aux dispositions de l'avant-projet dressé par les ingénieurs à la date des 22 janvier-4 février 1885 et à l'avis du Conseil général des ponts-et-chaussées, en date du 8 mars 1886.

ART. 2.

Le Ministre des Travaux publics est autorisé à accepter, au nom de l'Etat :

1° L'offre faite par la Chambre de Commerce de St-Nazaire, ainsi qu'il résulte de sa délibération en date du 22 février 1889, ladite offre garantie solidairement par une délibération du Conseil municipal de Saint-Nazaire en date du même jour, de verser à l'Etat un subside de trois millions de francs (3,000,000 fr.) pour l'exécution des travaux déclarés d'utilité publique par l'article premier ci-dessus ;

2° L'offre faite par la Chambre de Commerce de Nantes, ainsi qu'il résulte de sa délibération du 28 février 1889, d'avancer à l'Etat une somme de quatre millions cinq cent mille francs (4,500,000 fr.), ladite avance destinée à pourvoir, concurremment avec trois crédits annuels d'ensemble 4,400,000 francs, inscrits au budget de l'Etat (chapitre relatif à l'amélioration des rivières), à l'achèvement en trois années des travaux nécessaires à la mise en exploitation du canal maritime de la Basse-Loire dont l'exécution a été autorisée par la loi du 8 août 1879.

Chacune des deux chambres de commerce versera au Trésor,

à titre de fonds de concours pour dépense d'intérêt public, au fur et à mesure des besoins des travaux qui la concernent, les sommes nécessaires à leur exécution jusqu'à concurrence du montant total du subside ou de l'avance qu'elle est tenue de fournir en vertu du présent article. L'importance de chaque versement partiel, et l'époque à laquelle il devra être effectué, seront déterminés par le Ministre des Travaux publics.

Art. 3.

L'avance de quatre millions cinq cent mille francs (4,500,000 f.) à effectuer par la Chambre de Commerce de Nantes, lui sera remboursée par l'Etat, sans intérêts, en trois annuités à partir de 1892, lesdites annuités prélevées sur le chapitre du budget ordinaire, relatif au remboursement des avances affectées aux travaux d'amélioration des rivières, canaux et ports.

Art. 4.

Les Chambres de Commerce de Saint-Nazaire et de Nantes sont autorisées à emprunter, à un taux d'intérêt qui ne pourra pas excéder cinq francs pour cent francs (5 0/0), la première, la somme de trois millions (3,000,000 fr.), destinée à fournir à l'Etat le subside prévu à l'article 2, la seconde, la somme de quatre millions cinq cent mille francs (4,500,000f fr.), destinée à fournir à l'Etat l'avance prévue au même article. Lesdites sommes seront remboursables dans un délai maximum de quarante ans à partir de la promulgation de la présente loi.

L'emprunt de chacune des Chambres de Commerce pourra être réalisé, soit avec publicité et concurrence, ou de gré à gré, ou par voie de souscription, avec faculté d'émettre des obligations au porteur ou transmissibles par voie d'endossement, soit directement auprès de la Caisse des dépôts et consignations, du Crédit foncier de France ou de tout autre établissement public de Crédit.

Si l'emprunt est contracté auprès d'un établissement public de Crédit, les Chambres de Commerce devront se conformer aux conditions statutaires de cet établissement, sans toutefois que la commission perçue en sus de l'intérêt puisse dépasser 0 fr. 45 pour 100 francs.

Les conditions des souscriptions à ouvrir ou des traités à passer seront préalablement soumises à l'approbation du Ministre du Commerce et de l'Industrie.

Art. 5.

§ 1er. — Il sera établi, à partir de la promulgation de la présente loi, sur les navires faisant des opérations de commerce dans la Loire maritime, un droit de tonnage, perçu conformément aux tarifs maxima ci-après, abaissés, quand il y aura lieu, par application du paragraphe 5 du présent article, ou atténués par application des paragraphe 2 ou 3 ;

Au point de vue de l'attribution du produit des droits de tonnage et de leur régime d'application, la Loire maritime et ses ports seront partagés en deux zones, séparées par un méridien placé à deux kilomètres à l'est de la pointe de Mindin : la première zone s'étendra à l'ouestde ce méridien jusqu'au méridien de la pointe de Chémoulin ; laseconde zone s'étendra à l'est de la ligne séparative jusqu'à l'extrémité amont du port de Nantes sur le lit et les deux rives de la Loire.

Les droits perçus sur les navires qui opèreront dans la première zone seront attribués à la Chambre de Commerce de Saint-Nazaire ; ceux perçus dans la seconde zone seront attribués à la Chambre de Commerce de Nantes.

La perception des droits dans chaque zone sera faite par le service des douanes pour le compte de la Chambre de Commerce à laquelle cette zone est attribuée.

Numéros d'ordre DES TARIFS	DÉSIGNATION DES DROITS et conditions d'application	SOMMES A PAYER par unité
		fr. c.
	Droits maxima applicables à tous navires français ou étranger entrant en Loire pour faire des opérations de chargement, déchargement ou transbordement de marchandises, ou embarquer ou débarquer des voyageurs.	
	Pour tout navire à vapeur en provenance d'un port situé hors d'Europe et hors des mers méditerranéennes :	
1	A. Pour chacun des deux premiers voyages effectués dans la même année, du 1er janvier au 31 décembre : Par tonneau de jauge............	0 50
2	B. Pour le troisième voyage : Par tonneau de jauge............	0 25
	C. Pour chaque voyage en sus du troisième (Néant)...............................	»
	Pour tout navire à voiles en provenance d'un port situé hors d'Europe et hors des mers méditerranéennes :	
3	A. Pour chacun des deux premiers voyages effectués dans la même année, du 1er janvier au 31 décembre : Par tonneau de jauge............	0 50
	B. Pour chaque voyage en sus du second (Néant)...............................	»
	Pour tout navire à voiles ou à vapeur, en provenance d'un port d'Europe ou situé sur les mers méditerranéennes :	
4	A. Pour chacun des vingt premiers voyages effectués dans la même année, du 1er janvier au 31 décembre : Par tonneau de jauge............	0 50
	B. Pour chaque voyage en sus du vingtième (Néant)...............................	»

§ 2. — Pour les navires à voiles ou à vapeur faisant l'intercourse entre la Loire et les ports d'Europe ou des mers méditerranéennes, des abonnements pourront être accordés pour une année de douze mois consécutifs, moyennant le payement d'une taxe maximum de huit francs (8 fr.) par tonneau de jauge payable d'avance et demeurant acquise dans tous les cas.

§ 3. — Tout navire faisant escale dans une des deux zones de la Loire maritime, après avoir laissé ou avant de porter dans l'autre zone ou dans un autre port français où est établi un droit local de tonnage partie de sa cargaison provenant d'un port étranger ou des colonies françaises, ou pour continuer à destination de l'étranger ou des colonies françaises son chargement commencé dans l'autre zone ou dans un autre port français où est établi un droit local de tonnage, payera seulement les droits suivants, savoir :

Un quart (1/4) des droits portés au tarif ci-dessus, si le navire ne débarque et n'embarque qu'un nombre total de tonneaux d'affrétement au plus égal à la moitié du nombre de tonneaux de jauge correspondant à sa jauge légale ;

La moitié (1/2) des droits portés au tarif ci-dessus, si le navire ne débarque et n'embarque qu'un nombre total de tonneaux d'affrétement ne dépassant pas les trois quarts du nombre de tonneaux de jauge correspondant à sa jauge légale.

La totalité des droits sera due si le navire débarque et embarque un nombre de tonneaux d'affrétement dépassant les trois quarts du nombre de tonneaux de jauge correspondant à sa jauge légale.

§ 4. — Sont exempts de toute taxe :

1° Les navires à vapeur, en provenance d'un port situé hors d'Europe et hors des mers méditerranéennes, qui auront déjà effectué au moins trois voyages en Loire dans la même année, comptés du 1er janvier au 31 décembre ;

2° Les navires à voiles, de même provenance, qui auront déjà effectué au moins deux voyages dans la même année ;

3° Les navires, en provenance d'un port d'Europe ou situé sur une des mers méditerranéennes, qui auront déjà effectué dans la même année au moins vingt voyages entre la Loire et les ports d'Europe ou des mers méditerranéennes ;

4° Les navires en relâche ;

5° Les navires entrés sur lest et repartant sur lest ;

6° Les navires entrant chargés et qui repartiraient sans avoir pris ou laissé aucune marchandise ;

7° Les navires faisant le cabotage entre ports français ;

8° Les navires se livrant à la pêche côtière, au remorquage, au pilotage ou à la navigation intérieure ;

9° Les bâtiments de toute nature appartenant à l'Etat ou employés à son service.

§ 5. — Les droits dont la perception est autorisée par le présent article dans la zone attribuée à l'une des deux Chambres de Commerce pourront, sur la proposition de cette Chambre et en vertu d'un décret du Président de la République, rendu sur la proposition du Ministre du Commerce et de l'Industrie, après entente avec les Ministres des Travaux publics et des Finances, être abaissés, avec ou sans conditions, au-dessous des maxima résultant des paragraphes 1, 2 et 3 du présent article.

Les taxes abaissées pourront être ultérieurement relevées par un décret, la Chambre de Commerce intéressée entendue, mais après un délai de six mois au moins compté à partir de la publication du décret relatif à l'abaissement.

Toute modification de tarif sera annoncée au public au moins trois mois à l'avance.

ART. 6

La perception des droits sus-mentionnés est concédée à chacune des Chambres de Commerce pour lui permettre de se couvrir des obligations contractées par elle en vertu de la présente loi. Cette perception cessera dans chaque zone aussitôt après l'entier accomplissement des obligations de la Chambre à laquelle le produit des droits perçus dans cette zone est attribué.

A cet effet, chacune des deux Chambres de Commerce produira annuellement, aux Ministres des Finances et du Commerce et de l'Industrie, une situation de sa caisse de tonnage.

N. B. — Les taxes indiquées sur le tableau d'autre part devront être modifiées comme suit, conformément à la demande la Chambre de Commerce de St-Nazaire :

fr. 30 Houilles et minerais de fer ;

40 Bois ;

0 Autres marchandises (Denrées coloniales, etc.).

DÉCRET DU 13 JUIN 1889

ARTICLE 1er

La taxe de 0 fr. 50 est abaissée comme suit :

à 0 fr. 40 par tonneau de jauge, en faveur des navires dont la cargaison est composée pour 4/5, au moins, de bois ;

à 0 fr. 30 par tonneau de jauge, pour navires chargés au moins de 4/5 de charbon et de minerai.

ARTICLE 2.

Ceux de ces navires qui auraient effectué dans la même année les vingt voyages prévus par l'article 5, § 4, 3° de la loi, entre la Loire et les ports d'Europe ou des mers méditerranéennes, et qui auraient déjà payé la taxe entière de 0 fr. 50, bénéficieront de l'exemption totale des droits de tonnage.

INTERPRÉTATION DE LA LOI

Il résulte d'une Instruction spéciale, adressée par l'Administration supérieure à M. le Receveur principal des Douanes à St-Nazaire, que la jurisprudence de la Chambre de Commerce a été formellement reconnue pour toutes les décisions relatives aux difficultés qui pourraient se présenter en matière de recouvrement de la taxe.

En vertu du droit qui lui a été conféré, la Chambre a répondu, comme suit, aux questions qui lui ont été soumises par M. le Receveur des Douanes, au fur et à mesure que les cas qui les ont motivées se présentaient :

1ʳᵉ QUESTION

Comment doit-on entendre le mot « voyage » : S'agit-il d'une traversée seulement ou, au contraire, ne doit-on appliquer la taxe qu'une seule fois pour l'aller et retour du même navire étant parti chargé, et revenant avec une cargaison qu'il décharge intégralement ou réciproquement ?

Réponse

La taxe ne doit être perçue qu'une seule fois, soit que le navire entre et sorte chargé, soit qu'il entre sur lest pour prendre une cargaison.

2ᵉ QUESTION

D'un autre côté, aux termes du § 3, les navires faisant escale jouissent d'une modération de taxe au prorata du nombre de tonneaux d'affrétement qu'ils ont laissé ou doivent laisser dans un autre port déjà assujetti aux taxes locales ; ces navires repartant complètement chargés doivent-ils la taxe modérée pour la partie de cargaison qu'ils ont laissée dans le port, et la taxe intégrale pour la cargaison totale qu'ils ont prise à destination de l'étranger.

En d'autres termes, un navire venu de New-Haven à Bordeaux y a laissé la moitié de sa cargaison, et vient ensuite à St-Nazaire avec le complément qu'il débarque ; doit-il le quart de la taxe pour cette opération et, s'il charge ensuite intégralement à destination de l'étranger, doit-il la taxe à nouveau et, cette fois, à plein tarif ?

Réponse

En principe, la Chambre de Commerce considère qu'un navire ne doit pas payer plus d'une taxe entière dans le même port. En conséquence, tout navire entrant à St-Nazaire pour y faire une opération de déchargement et de chargement, dont l'ensemble atteindra son tonnage complet (dans un délai maximum de une année), paiera la taxe entière. C'est-à-dire qu'il paiera le droit normal à l'entrée, et la différence à la sortie, s'il y a lieu.

3ᵉ QUESTION

Pour la première année d'application de la loi qui a été fixée au 1ᵉʳ avril, comment calculera-t-on l'époque à laquelle, suivan le nombre de voyages accomplis, la taxe cessera d'être applicablet Les trois voyages pour les navires transatlantiques seront-ils exigibles à tarif plein et demi-tarif jusqu'au 31 décembre 1889, ou pourra-t-on établir une ventilation jusqu'à cette date pour recommencer l'année comme l'indique la loi, ou fera-t-on compter l'année du 1ᵉʳ avril au 1ᵉʳ avril suivant ?

Réponse

L'année doit être comptée du 1er janvier au 31 décembre, conformément au texte de la loi.

4e QUESTION

Les navires arrivés avant le 1er avril, mais n'ayant été mis en déclaration qu'après la date de l'application de la loi, doivent-ils être assujettis au paiement de la taxe ?

Réponse

Deux navires seulement ont été signalés comme rentrant dans le cas sus-visé. La Chambre de Commerce, vu le peu d'importance de la question et considérant que le cas ne peut se renouveler décide qu'il n'y a pas lieu de faire payer la taxe. Si le droit avait été perçu à titre de consignation, il devrait être remboursé.

5e QUESTION

Un navire expédié de Nantes avec les 3/4 de sa cargaison et ayant payé dans ce port la taxe entière — conformément à la loi — doit-il payer un quart de la taxe à St-Nazaire pour le reste de la cargaison qu'il vient y prendre ?

Réponse

La désignation des droits est indiquée à l'art. 5 de la loi sous le titre suivant : « Droits maxima applicables à tout navire français ou étranger rentrant en Loire pour faire des opérations de chargement, déchargement, etc., etc. » Ce qui veut dire que les navires ne devront pas payer plus du maximum de la taxe dans *l'un* des deux ports de la Loire, mais non dans les deux à la fois ; cette interprétation ayant été faussement donnée, par quelques intéressés, au texte « *navires entrant en Loire* ».

En conséquence, la Chambre de Commerce considère que les droits doivent être perçus à Nantes et à St-Nazaire, indépendamment de l'un ou de l'autre port. L'esprit de la loi lui parait formel à ce sujet, la taxe de péage représentant un droit d'usance du bassin, de la rade ou de la rivière.

Les navires devront donc payer à St-Nazaire la taxe correspondante à l'opération qu'ils viendront y faire, quelle que soit la taxe déjà payée par eux à Nantes ou dans un autre port.

6ᵉ QUESTION

Les navires contaminés envoyés au lazaret de St-Nazaire, pour procéder à l'assainissement réglementaire, et débarquant des passagers, doivent-ils être assujettis aux droits ?

Réponse

Oui. Ces navires ne pouvant être assimilés aux navires en relâche, par suite d'avaries, doivent, conformément au texte de la loi, payer le droit lorsqu'ils débarquent des passagers.

7ᵉ QUESTION (Cᵢᵉ Gᵗᵉ Transatlantique)

Un navire côtier appartenant à cette Compagnie vient de New-Haven à St-Nazaire avec un chargement complet. Il paie la taxe entière. Il repart pour La Rochelle, fait un voyage de cabotage, et revient à St-Nazaire prendre un chargement pour l'étranger. Doit-il payer la taxe à la sortie ?

Réponse

Oui. Les deux opérations étant séparées par un voyage complet d'aller et retour doivent donner lieu à une perception indépendante l'une de l'autre.

8e QUESTION

Quel doit être le point de délimitation pour le voyage exonéré de toute taxe : Est-ce l'entrée sur rade, dans le bassin, ou après la mise en déclaration du navire en Douane ?

Réponse

Lorsque le navire entrera le 31 décembre, avant minuit, en Loire, c'est-à-dire dans la première zone indiquée à l'article 5 de la loi, ce voyage devra être exonéré de toute taxe, si le navire a déjà effectué vingt voyages ou plus, conformément au 3° du § 4 de l'art. 5 de la loi.

9e QUESTION (Complément de la 2e question)

Un navire faisant escale à St-Nazaire paie le 1/4 du droit pour la partie de cargaison qu'il laisse dans le port. Il repart, après avoir pris un faible tonnage, à destination d'un port étranger ou des Colonies françaises. Doit-il payer un autre quart pour cette opération si l'ensemble du tonnage débarqué et embarqué ne dépasse pas la moitié du nombre de tonneaux de jauge correspondant à sa jauge légale ?

Réponse

Non. *L'ensemble* du tonnage débarqué et embarqué doit seul servir de base à la perception. Dans le cas précité, le navire n'aura qu'un quart à payer.

10° QUESTION

La perception des droits a eu lieu à partir du 1er avril, date à laquelle la loi est devenue exécutoire d'après les délais de promulgation résultant du décret du 5 novembre 1870, art. 2 ; mais il a été entendu qu'en attendant la solution donnée aux propositions de modération de taxes pour certaines catégories

*de cargaisons, les droits seraient simplement consignés, et que
la perception n'en deviendrait définitive qu'après avis ultérieur
de la Chambre de Commerce.*

Comment doivent être régularisées les consignations ?

Réponse

La Chambre de Commerce, considérant que la perception des
droits n'a été jusqu'à présent effectuée qu'à titre de consignation ;

Que l'abaissement des taxes a été formellement annoncé ;

Que le remboursement des taxes trop perçues a pu être
escompté par les intéressés qui avaient été invités à conserver
les quittances provisoirement délivrées pour être échangées
contre les quittances définitives ;

Considérant, en outre, que la taxe n'a pas été perçue par
appoint, pour sa totalité, mais seulement en chiffres ronds, tou-
jours *inférieurs* au montant exact du droit ;

Qu'il en résulte que le fait de percevoir aujourd'hui la taxe
de 0 fr. 50 équivaudrait à une augmentation réelle du droit au
lieu de l'abaissement annoncé ;

Décide qu'un effet rétroactif doit être donné au décret, et
que l'équité impose le remboursement des sommes trop perçues.

11ᵉ QUESTION

*Quel doit être le traitement imposé à un navire qui, ayant à
l'entrée bénéficié de la taxe réduite à 0 fr. 40 ou 0 fr. 30 suivant
la nature de sa cargaison, est réexpédié pour l'étranger directement, avec une cargaison de marchandises diverses assujetties
à la taxe entière de 0 fr. 50 ?*

*Quel doit être le traitement imposé au même navire si, à la
sortie, il est affrété en partie par la Marine, l'immunité étant
inscrite dans la loi pour les navires affrétés dans ces conditions ?*

Réponse

Pour un navire ayant bénéficié, à l'entrée, de la taxe réduite à 0 fr. 30 ou 0 fr. 40, la différence des 0 fr. 10 ou 0 fr. 20 sera exigée à la sortie, si l'affrètement est fait par le Commerce.

Dans le cas où le navire serait affrété, à la sortie, en partie par l'Administration, après avoir payé la taxe à l'entrée, il devra être exonéré de toute taxe si cet affrètement atteint les 3/4 de sa jauge. Il ne devra payer la différence de 0 fr. 10 ou 0 fr. 20, pour la partie de tonnage chargée par le Commerce, et conformément aux dispositions de la loi, que si le chargement fait par l'Administration n'atteint pas les 3/4 de sa jauge.

12e QUESTION

Quelle est la taxe à appliquer aux navires chargés de brai, bitume et coaltar ?

Réponse

Les coaltars, brais et bitumes n'étant que des « résidus minéraux » doivent être assimilés aux houilles et minerais et ne payer que 0 fr. 30. Il doit en être ainsi des scories de fer, de fonte ou d'acier.